I0752990

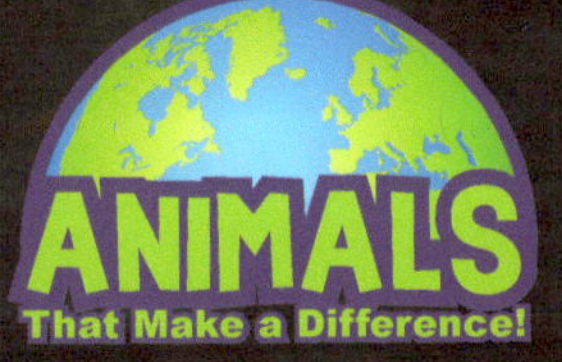

Pigs
Cerdos

Ashley Lee

Explore other books at:
WWW.ENGAGEBOOKS.COM

VANCOUVER, B.C.

Pigs: Level 1 Bilingual (English/Spanish) (Ingles/Español)
Animals That Make a Difference!
Lee, Ashley 1995 –

Edited by: A.R. Roumanis
and Lauren Dick
Translated by: Juan Ortega Aliaga
Proofread by: Andrés Cordero

Text set in Arial Regular.
Chapter headings set in Arial Black.

FIRST EDITION / FIRST PRINTING

LIBRARY AND ARCHIVES CANADA CATALOGUING IN PUBLICATION

Title: Animals That Make a Difference: Pigs Level 1 Bilingual (English / Spanish) (Ingles / Español)
Names: Lee, Ashley, author.

ISBN 978-1-77476-398-8 (hardcover)
ISBN 978-1-77476-397-1 (softcover)

Subjects:
LCSH: Swine—Juvenile literature
LCSH: Human-animal relationships—Juvenile literature

Classification: LCC SF395.5 .L44 2020 | DDC J636.4—DC23

Contents Contenidos

What Are Pigs?
Qué son los cerdos?

Pigs are animals with short legs and curly tails.

Los cerdos son animales con patas cortas y colas rizadas.

Pigs can be pink, black, or brown.

Los cerdos pueden ser rosados, negros, o marrones.

What Do Pigs Look Like?
Cómo se ven los cerdos?

Most pigs weigh between 300 and 700 pounds (140 and 300 kilograms).

La mayoría de los cerdos pesan entre 300 y 700 libras (140 y 300 kilogramos).

A pig's toes are covered by a hard nail.

Los dedos de un cerdo están cubiertos por una fuerte uña.

A pig's nose and upper lip is called a snout.
La nariz de un cerdo y su labio superior se llama hocico.

Wild pigs have long teeth called tusks.
Los cerdos salvajes tienen dientes largos llamados colmillos.

Where Do Pigs Live?
Dónde viven los cerdos?

Many pigs live on farms. Some pigs live in the wild.

Muchos cerdos viven en granjas. Algunos cerdos viven de manera silvestre.

Kunekune pigs come from New Zealand. Tamworth pigs come from England. Mukota pigs are mainly found in Zimbabwe.

Los cerdos Kunekune provienen de Nueva Zelanda. Los cerdos Tamworth provienen de Inglaterra. Los cerdos Mukota se encuentran principalmente en Zimbabue.

What Do Pigs Eat?
Qué comen los cerdos?

Pigs on farms mostly eat corn or grass.
Los cerdos en las granjas mayormente comen maíz o césped.

Wild pigs eat leaves, roots, and fruit.
Los cerdos salvajes comen hojas, raíces, y fruta.

How Do Pigs Talk to Each Other?
Cómo se comunican los cerdos entre ellos?

Pigs talk by grunting and moving their bodies. Pigs grunt over and over again when they want something.
Los cerdos se comunican mediante gruñidos y moviendo sus cuerpos. Los cerdos gruñen sin parar cuando quieren algo.

Happy pigs wag their tails.
Los cerdos cuando están felices menean sus colas.

Pigs roll in mud when they want to cool down. This can also mean they want to play.
Los cerdos se revuelcan en el barro cuando desean refrescarse. Esto también significa que quieren jugar.

Pig Life Cycle
El ciclo de vida de un cerdo

Pigs have about 10 babies at one time.
Los cerdos tienen 10 bebés a la vez.

Baby pigs are called piglets.
Los cerdos bebés son llamados lechones.

Pigs stop growing when they are between 2 and 3 years old.
Los cerdos dejan de crecer cuando tienen entre 2 y 3 años de edad.

Pigs live for 10 to 15 years.
Los cerdos viven de 10 a 15 años.

Curious Facts About Pigs

Some people train pigs to find wild mushrooms called truffles.
Algunas personas entrenan a los cerdos para encontrar hongos salvajes llamados trufas.

Pigs are one of the smartest animals kept by people.
Los cerdos son uno de los animales más inteligentes cuidados por el hombre.

Mother pigs sing to their babies.
Las cerdas madres cantan a sus bebés.

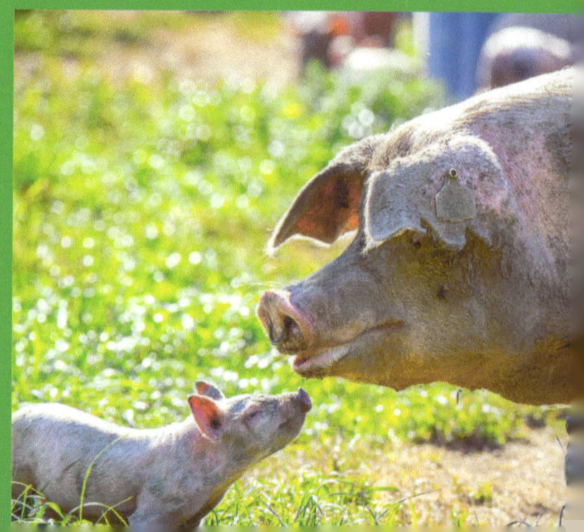

Datos curiosos acerca de los cerdos

Pigs like to sleep nose-to-nose with their friends.
A los cerdos les gusta dormir hocico con hocico con sus amigos.

Pigs are playful animals. They rarely get into fights.
Los cerdos son animales juguetones. Ellos raramente se meten en peleas.

Pigs have four toes but they only walk on two.
Los cerdos tienen 4 dedos, pero ellos solo caminan en dos.

Kinds of Pigs
Tipos de cerdos

There are more than three hundred different kinds of pigs. About two billion pigs are kept by people. There are around seven million wild pigs.

Hay más de trescientos tipos distintos de cerdos. Cerca de dos mil millones de cerdos están siendo criados por personas. Hay alrededor de siete millones de cerdos salvajes.

Potbelly pigs have large stomachs.

Los cerdos vietnamitas tienen estómagos grandes.

Mangalica pigs have thick, curly hair.
Los cerdos Mangalica tienen pelo grueso y rizado.

Red river hogs are red with a white stripe down their backs.
Los cerdos de río rojo son de color rojo con una raya blanca en sus espaldas.

How Pigs Help Earth
Cómo los cerdos ayudan al planeta

Pigs dig up dirt with their noses.

Los cerdos escarban la tierra con sus hocicos.

This helps new plants grow.
Esto ayuda a las plantas a crecer.

How Pigs Help Other Animals

Cómo los cerdos ayudan a otros animales

Small bugs sometimes live on wild pigs. Bugs can be harmful to pigs if they bite or sting.

A veces pequeños insectos viven en los cerdos salvajes. Los insectos pueden dañar a los cerdos si los muerden o los pican.

Birds called oxpeckers sit on the backs of wild pigs and eat the bugs. This helps the pigs and gives the birds lots of food to eat.

Las aves llamadas picabueyes se reposan sobre las espaldas de los cerdos salvajes y se comen los insectos. Esto ayuda a los cerdos y les da a las aves mucho alimento para comer.

How Pigs Help Humans
Cómo los cerdos ayudan a los seres humanos

Pigs are an important part of many people's diets. Many people would have less food to eat without pigs.
Los cerdos son una parte importante de la dieta de muchas personas. Mucha gente tendría menos alimento que comer si no fuera por los cerdos.

Some pigs have saved people's lives. They have been known to run for help if someone falls down, or warn their owners of a house fire.

Algunos cerdos han salvado la vida de personas. Ellos han sido conocidos por correr en busca de ayuda si alguien se cae, o advertir a sus dueños de un incendio en el hogar.

Pigs in Danger
Cerdos en peligro

Some pigs are endangered. This means there are very few of them left.

Algunos cerdos están en peligro de extinción. Esto significa que hay solo unos cuantos de ellos.

Visayan warty pigs live in the Philippines. The forests where they live are being destroyed by people. There are only a few hundred of them left.

Los cerdos verrugosos de Visayan viven en las Filipinas. Los bosques donde ellos viven están siendo destruidos por las personas. Solo quedan unos cuantos de ellos.

How To Help Pigs
Cómo ayudar a los cerdos

Pig meat is called pork. Many pigs that are raised for meat are kept in small cages.

La carne de cerdo es llamada porcina. Muchos cerdos que son criados por su carne son mantenidos en pequeñas jaulas.

People are helping pigs by only buying pork products that are “free-range.” This means the pigs were allowed outside.

Las personas están ayudando a los cerdos al solo comprar productos porcinos de cerdos que son criados al aire libre. Esto significa que a los cerdos se les permite salir.

Quiz
Cuestionario

Test your knowledge of pigs by answering the following questions. The questions are based on what you have read in this book. The answers are listed on the bottom of the next page.
Pon a prueba tu conocimiento acerca de los cerdos respondiendo las siguientes preguntas. Las preguntas están basadas en lo que has leído en este libro. Las respuestas están listadas al final de la siguiente página.

1 What do wild pigs eat?
Qué comen los cerdos salvajes?

2 What do pigs do when they are happy?
Qué hacen los cerdos cuando están felices?

3 How old are pigs when they stop growing?
Cuántos años tienen los cerdos cuando dejan de crecer?

4 How many toes do pigs have?
Cuántos dedos tienen los cerdos?

5 How many pigs are kept by people?
Cuántos cerdos están siendo criados por las personas?

6 How do pigs dig up dirt?
Cómo los cerdos escarban la tierra?

Explore other books in the Animals That Make a Difference series.

Visit www.engagebooks.com to explore more Engaging Readers.

Answers:
1. Leaves, roots, and grass 2. Wag their tails 3. Between 2 and 3 years old 4. Four 5. About 2 billion 6. With their noses

Respuestas:
1. Hojas, raíces, y césped 2. Menean sus colas 3. Entre los 2 y 3 años de edad 4. Cuatro 5. Cerca de 2 mil millones 6. Con sus hocicos

www.ingramcontent.com/pod-product-compliance
Lightning Source LLC
LaVergne TN
LVHW071629100826
845154LV00005BA/111

* 9 7 8 1 7 7 4 7 6 3 9 8 8 *